VENTE
Du Lundi 12 Avril 1875

HOTEL DROUOT, SALLE N° 5

TABLEAUX ANCIENS

DES ÉCOLES

ANGLAISE, HOLLANDAISE ET FRANÇAISE

PROVENANT EN PARTIE DE LA

COLLECTION DE M. S.... DE LONDRES

COMMISSAIRE-PRISEUR	EXPERT
Me CHARLES OUDART	M. ÉMILE BARRE
31, rue Le Peletier	20, Chaussée d'Antin

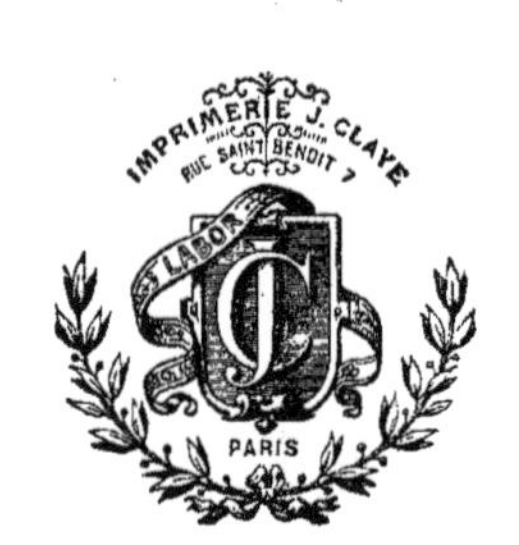
IMPRIMERIE J. CLAYE
RUE SAINT-BENOIT 7
LABORE
PARIS

CONDITIONS DE LA VENTE

Elle sera faite au comptant.

Les acquéreurs payeront *cinq centimes par franc* en sus des enchères, applicables aux frais.

L'Exposition mettant les Adjudicataires à même de se rendre compte de l'état et de la nature des objets, il ne sera admis aucune réclamation une fois l'adjudication prononcée.

CATALOGUE

DE

TABLEAUX ANCIENS

DE L'ÉCOLE FRANÇAISE

ET DES ÉCOLES

ANGLAISE ET HOLLANDAISE

PROVENANT EN PARTIE DE LA

COLLECTION DE M. S... DE LONDRES

DONT LA VENTE AURA LIEU

HOTEL DROUOT, SALLE N° 5

Le Lundi 12 Avril 1875

A DEUX HEURES ET DEMIE

PAR LE MINISTÈRE DE **M⁰ CHARLES OUDART**, COMMISSAIRE-PRISEUR

31, rue Le Peletier

ASSISTÉ DE **M. ÉMILE BARRE**, EXPERT

20, rue de la Chaussée-d'Antin

Chez lesquels se trouve le présent Catalogue

EXPOSITIONS

PARTICULIÈRE	PUBLIQUE
Le Samedi 10 Avril 1875	Le Dimanche 11 Avril 1875
DE 1 HEURE 1/2 A 5 HEURES 1/2	DE 1 HEURE 1/2 A 5 HEURES

DÉSIGNATION

ÉCOLE FRANÇAISE

BÉNARD.

1. — L'Abbé galant.

BILCOQ.

2. — Intérieur d'artisan.

BOREL.

3. — Les Apprêts pour le bal.

BOREL.

4. — La Serinette.

Pendant du précédent.

BOUCHER.

5. — Paysage avec figures et animaux.

BOUCHER.

6. — Le Pendant.

CANOT.

7. — La Convalescente.

CHARPENTIER.

8. — Jeune Garçon en costume Louis XVI, allumant une
pièce d'artifice.

CHARPENTIER.

9. — Le Cerf volant.

Pendant du précédent.

DEBUCOURT.

10. — La Parade.

DEMARNE (*Signé*).

11. — Paysage des environs de Paris.

DESHAYES.

12. — Jeune Femme le sein nu et la tête ornée d'une couronne de roses.

DROLLING.

13. — La Petite paysanne.

FRAGONARD.

14. — Le coup de vent.

GORP (Van).

15. — Le Portrait.

Composition gravée.

GORP (Van).

16. — Intérieur de famille.

GORP (Van).

17. — La Confidence.

Pendant du précédent.

GILLOT (*Signé et daté 1704*).

18. — La Comédie italienne.

GREUZE (*D'après*).

19. — Jeune Fille tenant une guirlande de fleurs sur la tête
d'un chien épagneul.

JEAURAT.

20. — Le Concert en famille.

LALLEMANT.

21. — Jeune Femme et son enfant, tenant une corbeille de
fleurs sur la tête.

LANCRET.

22. — La Surprise.

LEDOUX (Mlle).

23. — L'Oiseau mort.

LOUTHERBOURG.

24. — Le Rendez-vous de chasse.

LOUTHERBOURG.

25. — Pendant du précédent.

LEDOUX (Mlle).

26. — Portrait de jeune fille en buste.

LÉPICIÉ.

27. — Les amusements de l'écolier.

LÉPICIÉ.

28. — Pendant du précédent.

LOO (Van).

29. — Vénus et Vulcain.

MIGNARD.

30. — Portrait de madame de Grignan.

> Elle est représentée en buste avec des perles dans les cheveux.

MIGNARD.

31. — Portrait de madame de Montespan.

NATTIER.

32. — Portrait de jeune femme vêtue d'un costume blanc.

PORBUS (le Vieux).

33. — Portrait de Marie-Stuart.

PORBUS.

34. — Portrait de François de Médicis.

> Il est représenté debout vêtu d'un costume noir brodé.

PRÉVOST (*Signé*).

35. — Bouquet de fleurs dans un vase posé sur une console,
avec nid d'oiseaux.

PRÉVOST (*Signé*).

36. — Fleurs et fruits posés sur une table de pierre; écureuil
mangeant des noix.

RAOUX.

37. — La Première leçon de dessin.

ROBERT (Hubert).

38. — Les Catacombes à Rome.

ROBERT (Hubert).

39. — Le Pendant.

SCHALL.

40. — Jeune Femme en blanc assise dans un parc et tenant
un cahier de musique sur ses genoux.

SAUVAGE.

41. — Allégorie de l'hiver.

SAUVAGE.

42. — Les Vendanges.

> Ces deux tableaux en imitation de bas-relief en pierre
> forment pendant.

SCHENEAU.

43. — Jeune Femme en costume de l'époque Louis XVI assise
dans un parc, tenant un panier de fleurs.

TOURNIÈRES.

44. — Portrait de dame en costume Louis XIV et de son
enfant.

VERNET (Joseph).

45. — Les Cascatelles de Tivoli.

VERNET (Joseph).

46. — Vue des environs de Rome, avec cours d'eau et pêcheurs.

VESTIER.

47. — Portrait de jeune Fille la tête couverte d'un chapeau de paille.

VAN LOO (Carl).

48. — Portrait de jeune Femme les cheveux poudrés et la tête couverte d'un voile.

VAN LOO (Michel).

49. — Vénus et Vulcain.

ÉCOLE ANGLAISE.

CONSTABLE.

50. — Paysage avec chaumière et cours d'eau.

CONSTABLE.

51. — Campagne des environs de Londres.

CRESWICK.

52. — Paysage, environs de Claremont.

CRESWICK.

53. — Le pendant.

CROME (Le Vieux).

54. — Environs de Londres.

CROME (Le Jeune).

55. — Paysage avec cours d'eau et moulins; effet de lune.

CROME.

56. — Paysage avec cours d'eau; effet de nuit.

GAINSBOROUG.

57. — Portrait de jeune femme.

REYNOLDS.

58. — Intérieur de parc.

Dans le fond on aperçoit un château.

TURNER.

59. — Plage des bains de mer à Scarboroug.

WILLIAMS.

60. — Paysage avec moulin, effet de neige.

WILSON.

61. — Monuments en ruines, au bord d'un lac.

ÉCOLE FLAMANDE

BACKHUYSEN.

62. — Vaisseaux de guerre et navires marchands cinglant vers le port.

BACKHUYSEN.

63. — Marine.

Pendant du précédent.

J. BACKHUYSEN (*Signé*).

64. — Vaches au pâturage, avec cours d'eau.

BRACKENBURG.

65. — Intérieur de taverne flamande.

BRÉEMBERG (Bartholomeo).

66. — Paysage avec ruines, animé de figures.

FERG (Paul).

67. — Port de mer.

Des matelots sont occupés à débarquer un navire; à droite, des cavaliers près de monuments en ruine.

FRANCK.

68. — Vertumne et Pomone.

GOYEN (Van).

69. — Canal de la Hollande avec barques de pêche; dans le fond on aperçoit un village.

GOYEN (Van) (*Signé et daté*).

70. — Paysage avec cours d'eau et figures.

GRYF.

71. — Retour de la pêche.

KESSEL (Van).

(Imitateur d'Hobbema).

72. — Paysage avec figures; effet de soleil.

METSYS (Quentin).

73. — Vierge allaitant l'Enfant Jésus.

Dans le fond, saint Joseph.

MOLENAER.

74. — Canal de la Hollande avec patineurs.

MOLYN (Pierre).

75. — Entrée de bois.

A gauche, des pêcheurs au bord d'un canal.

N. K. (*Signé et daté 1541*).

76. — Portrait d'homme en buste.

Il porte une chemisette et un vêtement garni de fourrurres.

OSTADE (A. Van).

77. — Intérieur rustique.

Au premier plan, trois paysans causent et fument; dans le
fond un autre cause avec une servante.

RUYSDAEL (Salomon).

78. — Le ~~passage du~~ gué.

RUYSDAEL (Salomon).

79. — Paysage marine.

Au premier plan, des pêcheurs apprêtent leurs filets; dans le
fond on aperçoit une ville fortifiée avec moulins et églises.

SPAENDONEK (G. Van)

**80. — Bouquet de fleurs dans un vase de Sèvres posé sur
une console de marbre.**

STADLER (*Signé*).

**81. — Paysan gardant un troupeau de vaches et de moutons
au milieu d'une campagne boisée.**

TÉNIERS (David) (*Signé*).

82. — Une vieille Femme assise près d'une table tient une
pipe à la main, un paysan lui offre un verre de
de vin.

TÉNIERS (D.) (*Signé*).

83. — Paysage avec figures et animaux.

STEEN (Jean). (*Signé*).

84. — Intérieur de tabagie.

De joyeux buveurs attablés plaisantent avec la servante de
l'auberge.

VELDE (Moucheron et Van de).

85. — Chasse au cerf.

Au premier plan, un cavalier poursuit dans l'eau un cerf
mené par des chiens; dans le fond d'autres cavaliers suivent la
chasse; à droite, un paysan sonnant de la trompe.

VRIES (De).

86. — Habitation rustique au bord d'un canal.

WATERLOO.

87. — Chaumière au bord d'une route près de laquelle deux
paysans sont occupés à causer.

ÉCOLE ITALIENNE.

CANALETTI.

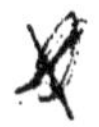

88. — Vue de la douane et de l'église Del Salute à Venise.

CANALETTI.

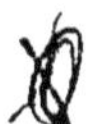

89. — Vue du pont du Rialto.

Pendant du précédent.

CARRACHE (L.)

90. — Anges soutenant le corps du Christ.

GUARDI.

91. — Monuments en ruine.

GUARDI.

92. — Pendant du précédent.

SASSO FERRATO.

93. — La Vierge tenant sur ses genoux l'Enfant Jésus.

TIEPOLO.

94. — Portrait d'un personnage en costume oriental.

PARIS. — J. CLAYE, IMPRIMEUR, 7, RUE SAINT-BENOÎT. — [636]